Transfórmate...
MÁS ALLÁ DE LA RUPTURA

por

Starr Baynes Merritt

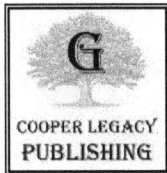

G

COOPER LEGACY
PUBLISHING

Stamford. Connecticut

Fotografías por: Matthew Notice
Maquillaje por: Crystal Britney Irizarry
Traducción al español por: Lilian Aguilar Quirin

ISBN 978-0-9972789-0-3 (libro de bolsillo, inglés)
ISBN 978-0-9972789-2-7 (ebook, inglés)
ISBN 978-0-9972789-1-0 (libro de bolsillo, español)

Impreso por la editorial G Cooper Legacy Publishing

Título Original: Transform...Beyond the Break

Agradecimientos

Al Dios de quién soy servidora... tú me dijiste que si me deleitaba en ti, me concederías los deseos de mi corazón. ¿Quién no desearía servir a un Dios así? Estoy tan agradecida y de tantas maneras.

A las joyas de mi corona, Ja'quori y Asia. Gracias. Ser su mamá es mi más grande placer. Ustedes han sido el tipo de maestros – maestros de la *Vida para Principiantes* – que hacen que mi mundo se ilumine tanto que, aún cuando hay oscuridad, puedo ver las estrellas. Es mi más grande anhelo que cuando experimenten una ruptura, busquen en lo más profundo de ustedes y usen sus capacidades para *Transformarse*...MÁS ALLÁ DE LA RUPTURA. Los amo con locura.

A mi hermano grande, Gary Baynes. Tus palabras hicieron que este libro existiera muchos años antes de que siquiera pasara la idea por mi mente. Gracias por creer en mí. Te amo con toda la vida.

A mi amigo y mentor, Reverendo Michel G. Christie, quién personificó la brújula que me guió hacia le excelencia a través de las sesiones grupales de "Real Talk". Que la gracia y la paz se le multipliquen.

A mi amiga de la infancia, Michelle R. Jones. Cuando te conté sobre este libro en el 2015, tu tomaste tus pompones y me animaste hasta la meta final. Gracias por tu entusiasmo y apoyo hacia mis planes.

A mis colegas de CTR.... Chris, gracias por la oportunidad que me diste para encontrar mi camino. Carolina, Keisha y Roody, gracias por hacer tan bien lo que hacen, y por tomarme como parte del equipo.

Señorita Dee, Devyn, y Michelle

No les puedo agradecer los suficiente, por la honestidad que me mostraron al revisar el manuscrito. Todo lo que hago lo hago con el espíritu de la excelencia, pero ustedes me empujaron hacia otro nivel. Gracias, gracias, gracias.

Espero que este libro te dé el mismo coraje y claridad que me dio a mí mientras lo escribía.

Mi esperanza es que te ilumine, te anime y te empodere.

CONTENIDO

La Ruptura

¿Quién en este mundo no ha experimentado una ruptura? ¿Una confianza rota, una promesa rota, una relación rota, un lazo roto, un hogar roto, un sueño roto, una alma rota, una fe rota, un corazón roto? Yo creo que todos – sin importar quién seas o de dónde eres- han experimentado algún tipo ruptura.

A diferencia de una promesa, sueño o relación rota, los huesos rotos son más obvios y requieren de una atención inmediata y específica; aquí es donde la diferencia termina. Sin importar si la ruptura es física, mental o emocional, un plan de recuperación es vital si se pretende alcanzar una completa recuperación.

Hay diferentes opciones que puedes escoger cuando quieres recuperarte de una ruptura: repáralo, componlo, o restáuralo. Si la ruptura no se puede reparar, arreglar o restaurar, entonces renuévala; hazle un cambio total. Esto significa que el *"después"* va a ser diferente, pero mejor que el *"antes"*. Tu percepción de tu situación o circunstancias va a ser una mejor versión de la que existía anteriormente.

El cambio sucede después de una ruptura. Si alguna vez te has roto un tobillo, sabes que tu manera de proceder en el día a día cambia. Caminas con cuidado sobre ese tobillo tratando de no empeorar el dolor.

Una parte importante, mientras experimentas el dolor, es tu recuperación. Dependiendo de la persona y lo que se haya roto, el tiempo de recuperación varía. Lo mismo sucede con una ruptura emocional – la perdida de un ser querido, la perdida de un trabajo, la separación del cónyuge. Cada persona es diferente y cada recuperación es personal. Sin embargo, el cambio viene de la necesidad de lidiar con la ruptura.

Después de una ruptura, es natural ser cuidadoso con lo que está roto. En el caso del tobillo roto, probablemente dudes en poner tu peso entero sobre él; en el caso de una promesa rota puede ser que empieces a ser más cauteloso con la confianza que pones sobre las personas; y en el caso de un corazón roto, puede ser que no le des la oportunidad a nadie de sucitar un escenario donde esto pueda volver a pasar... por lo menos por un tiempo. El cambio que sigue después de una ruptura puede tener un impacto en ti y en las personas que te rodean.

Cuando tu tobillo alcanza cierto punto en el proceso de sanación, tu médico te dice que puedes continuar con tu actividad normal. Esto quiere decir que podrás desempeñarte a un nivel que cumple con las necesidades de tu día a día.

Tu dolor emocional no es visible. Cuando tienes un dolor emocional, los rayos x no pueden mostrarle a tu médico tu estado. ¿Qué tal si no estas de acuerdo con la evaluación de tu médico? ¿Qué tal si sientes que no puedes retomar tu desempeño normal? ¿Y sí todavía duele? ¿Simplemente te rindes?

TU NUEVO NORMAL. Sin importar si tu ruptura es física o emocional, lo más probable es que te haya cambiado de alguna forma. Es posible que después de la ruptura lo que antes era normal para ti, ya no lo sea. Puede ser que estés desfamiliarizado con este nuevo normal, pero aún así sigues siendo un experto en tu propia vida y en tu bienestar.

Mientras exploramos juntos las páginas de este libro, serás tentado a meditar sobre tu bienestar. Comenzarás a identificar tus puntos de estancamiento y empezarás a reconocer tus puntos ciegos. Mi objetivo final es equiparte con lo necesario para conquistar los retos de tu nuevo normal. Una recuperación exitosa depende de estos elementos. Armado con esta información podrás empezar a...

Transformarte...MÁS ALLÁ DE LA RUPTURA

Perlas...

1. ¿Has experimentado una ruptura?
2. ¿Te abruma pensar sobre esa ruptura?
3. ¿Las personas alrededor tuyo piensan que tu "deberías superarlo"?

Trata de observar si puedes identificar la manera en la que la ruptura está impactando tu vida:

Dibuja un cheque en el cuadro que mejor describe tu humor en los momentos del día que se encuentran debajo.	Feliz/ Emocionado	Triste/ Ansioso	Molesto/ Tenso	Cansado
6 am – 10 am				
10 am – 12 pm				
12 pm – 2 pm				
2 pm – 4 pm				
4 pm – 6 pm				
6 pm – 8 pm				
8 pm – 10 pm				
10 pm – 12 am				
12 am – 2 am				

¿Qué patrones identificas?

_____

_____

_____

_____

_____

_____

_____

_____

_____

_____

_____

_____

_____

_____

_____

Todo Empeiza En La Mente

Nuestros pensamientos dictan nuestro comportamiento. El cerebro es el centro de coordinación de nuestras sensaciones y nuestra actividad intelectual. La transformación involucra un cambio en tu manera de pensar, seguido de un cambio en tu manera de actuar. Pregúntale a alguien que fuma y quiere dejarlo; a un alcohólico que desea ser sobrio; o a una persona que tiene un peso que excede "el peso promedio" para su estatura y que desesperadamente busca deshacerse de esas libras de más.

Los problemas no pueden solucionarse en el mismo espacio intelectual en el que fueron creados. Si tenemos en cuenta que el cerebro es la parte más compleja del cuerpo humano, es más fácil entender que no podemos cambiar la manera en que funciona solo con el deseo de hacerlo. Muy pocas personas pueden cambiar su comportamiento de un día para otro, pero sí es posible reacomodar o reestructurar el cerebro-transforma tus manera de pensar.

"No puedes cambiar tu destino de un día a otro,
pero puedes cambiar tu dirección
de un día a otro".
- Jim Rohn

Todo comienza en la mente – en la mente inconsciente. La mente inconsciente y el patrón del habla que le sigue son como el terremoto bajo de agua y la ola que desata. La mente inconsciente es una fuerza poderosa que dicta las palabras que escoges. Las palabras, una vez dichas, no pueden ser retractadas o eliminadas. Las palabras erróneas, al igual que una ola, pueden causarle daño a cualquier cosa y cualquier persona con la que tenga contacto.

Entonces, ¿cómo domamos a una fuerza tan poderosa que tiene la habilidad de causar tan grandes daños? Primero, pon mucha atención a las palabras y frases que escoges. Pon atención a la manera en la que estructuras tu forma de hablar. Aprende a oírte a ti mismo cuando conversas. Vuelve a repetir conversaciones en tu cabeza y hazte estas preguntas:

1. ¿Qué palabras elegí?
2. ¿Por qué escogí estas palabras?
3. ¿Cuál era el tono emocional debajo de las palabras que dijiste?
4. ¿Tenían una naturaleza positiva o negativa?

Hacerte estás preguntas hará que estés pendiente de tu rutina de del habla.

Cuando ya te hayas vuelto consciente de las palabras y frases que utilizas, identifica las frases positivas y-las frases negativas. Empieza a reemplazar palabras y frases negativas por otras positivas. La razón de incluir este paso en la transformación de tu pensamiento es para crear un cambio en la manera que tu mente interpreta los pensamientos.

En el momento en el que empieces a reemplazar exitosamente lo negativo por lo positivo, tu realidad comenzará a modificarse. La negatividad que invocaban esas frases y palabras comunes que solías usar, comenzará a cesar gradualmente; el positivismo ganará ímpetu y fuerza.

Otro ejercicio que será de apoyo para transformar tu meta es el T.E.M.O.R. Esto requiere un poco más de tiempo y de esfuerzo. Practicar el T.E.M.O.R. puede transformar tu mente de ese lugar dónde se encuentra el problema a ese lugar donde está la solución. El tipo de T.E.M.O.R. que yo propongo no es el tipo de temor que no nos permite creer, obtener éxito, de tener. El tipo de T.EM.O.R. que yo propongo te va a guiar hacia lo positivo, cambios evidentes. ¿Qué tipo de T.E.M.O.R. es este? Despeja tu disco duro (mente) de la basura innecesaria (pensamientos negativos y dañinos) e instala una nueva y mejor versión (pensamientos positivos y saludables).

Una mala relación – insultos, menosprecios y faltas de respeto. **Elimínalo.**

Intimidación en el trabajo – humillación, intenciones ocultas. **Elimínalo.**

Un discurso que no surgió de la manera que esperabas o que no provoco la respuesta que imaginabas. **Elimínalo.**

Una idea de negocio que no despegó con fuerza. **Elimínalo.**

Personas que se asignan a si mismas como tus jueces personales emitiendo una perspectiva negativa sobre todo lo que haces. **Elimínalo.**

Crítico que no tienen más que comentarios negativos sobre tus creencias, tus sueños y tus decisiones. **Elimínalo.**

Alguien que te culpa por su propio fracaso. **Elimínalo.**

Miembros de tu familia que atacan tu carácter porque no pueden utilizarte como su cajero automático personal. **Elimínalo.**

Duele cuando alguien que se supone que debería de ser parte de nuestro grupo de apoyo intenta destruir tus sueños. Duele cuándo fiamos de alguien y abusan de esa ello. Duele cuando un amigo – o quién pensábamos que era un amigo – quebranta la confianza. Duele y *eso nos cambia.*

¿Has experimentado alguno de estos u otros sufrimientos? ¿El dolor te impide que interactúes con otras personas que podrían traer beneficios a tu vida? ¿Interfiere el dolor con tu capacidad de tener una conexión? ¿Has dejado de creer en ti? ¿El dolor ha alterado tu crecimiento personal y profesional? ¿Te sientes derrotado? Te voy a compartir un secreto – solo entre tú y yo. La derrota necesita una de un permiso. Eres derrotado únicamente cuando aceptas esa derrota.

Entonces ahora... Reinicia—vuelve a arrancar tu proceso de pensamiento. Al igual que en las computadoras, reiniciar es necesario para recuperarte de los errores/pensamientos erróneos. Se deshace de las "cosas" que desaceleran y entorpecen nuestro crecimiento. Dependiendo de cómo estos sufrimientos se manifiesten en tu vida necesitarás un reinicio leve o un reinicio fuerte. Requerirás de un inicio leve para realinear tus pensamientos. Necesitarás un reinicio fuerte para recuperarte de un gran daño. Siendo el programador de tu propia mente, tu decides que permanece después del reinicio. Tú decides que se carga y que se descarga.

¿Qué se va y qué se queda? Hay algunas cosas que a las que te aferras desde la infancia...*¡Eres igual a tu padre/madre!*

Algunas cosas te las entregó alguien de tu pasado..."*No eres lo suficientemente bueno; no eres lo suficientemente bello; no eres lo suficientemente alto; no me mereces*".

Imagina lo siguiente: -- te encuentras en una pequeña aeronave, solo tú y tus "cosas". De repente, notas que la aeronave comienza a perder altitud. Te acercas hacia la tierra a un paso acelerado. Tus instintos de "paralizarse, pelear o huir" salen a la superficie. Si te paralizas, sin lugar a duda te encontrarás con una desafortunada muerte en tan solo siete minutos. No hay a dónde correr, por lo que huir ni siquiera es una opción...que irónico. Por lo tanto, eliges la última opción que queda—pelear. Quieres vivir y no hay nada más importante en este momento que tu sobrevivencia. Empiezas a tirar cosas fuera de la aeronave para deshacerte del peso extra. El agua embotellada, las balsas inflables (no estás remotamente cerca del agua); la caja que se está llena de los regalos que compraste en tu viaje para tus amigos y tu familia. El descenso del avión empieza a perder rapidez, pero no es suficiente. Te quedan únicamente tus tesoros personales, y debes elegir de que te desharás para salvar tu propia vida. Tomas una pausa, algo natural del ser humano cuando se encuentra a punto de tomar una decisión que le cambiará la vida. Comienzas a lanzar las cosas a las que tienes mucho tiempo de aferrarte. El avión vuelve a ganar altitud. Te encuentras ahora en un espacio seguro; ya no hay ningún peligro inmediato. Suspiras con alivio.

Esta experiencia no es poco usual, aunque si sea más dramática. Hay momentos en los que tenemos que realizar decisiones difíciles por el bien de nuestra seguridad (física, emocional o psicológica). Algunas de nuestras "cosas" tienen un valor práctico, algunas "cosas" tienen un valor sentimental, y algunas de nuestras cosas simplemente son basura (residuos emocionales, ideas sin fundamentos y hábitos destructivos).

¿Qué cosas son las que te impiden elevarte profesional y personalmente? ¿Ataduras? Pueden deshacerse. ¿Culpa? Perdónate. ¿Auto criticismo? Se amable contigo mismo. ¿Ideas que te limitan? Conquístalas. ¿Rencores? Déjalos ir. ¿Malas compañías? Salva tu propia vida. ¿Malos recuerdo? Haz la paz con ellos. Empezando por hoy, toma la decisión de vivir tu nueva vida normal.

Cuando verdaderamente llegues a creer en el poder que tienes sobre tus "cosas", únicamente entonces te darás cuenta que tienes el poder de cambiar la manera en la que piensas. Cambia la conversación que hay en tu cabeza.

PERLAS...

La raíz de las creencias y el comportamiento se encuentran en las experiencias, la educación, la lógica errónea y el miedo. Lo bueno de tu mente es que puedes cambiarla.

Escoge...

- ◆ Incrementar la importancia de tus logros en vez de minimizarlos.

- ◆ Espera el mejor resultado, en vez del peor.

- ◆ Nota los aspectos positivos de una situación en lugar de solo los negativos.

- ◆ Deja a un lado todos los pensamientos de "todo o nada" eliminando palabras como "siempre" y "nunca" de tu vocabulario.

Empezarás a ver un cambio.

Barcos y Puertos

Las relaciones incluyen los lazos familiares, las amistades, el compañerismo y las parejas. Se construyen sobre una base de confianza, aprecio y respeto. Sin importar si la relación es personal, profesional, o romántica, se requiere de un esfuerzo y compromiso de todas las partes involucradas para que pueda ser exitosa.

Ya que el cerebro masculino y el cerebro femenino son diferentes, la manera en la que piensan, actúan y procesan la información es diferente. Por lo tanto, tienen distintas fortalezas y debilidades. En sentido general (y haciendo un esfuerzo de evitar los estereotipos), los hombres piensan más y las mujeres sienten más – en un sentido general. Esa es mi aclaración.

El inicio de una relación representa el puerto. Aquí es dónde la confianza, el aprecio y el respeto generan un sentimiento de estabilidad. Los barcos fueron creados para viajar - para seguir adelante. Mientras el barco viaje más lejos del puerto, más grande será la posibilidad de encontrarse con aguas turbulentas – inestabilidad. Si se quiere mantener el barco a flote, los pasajeros necesitarán realizar un esfuerzo y comprometerse.

Relación familiar: Cuñando los niños son pequeños, se mantienen en una proximidad cercana a la de sus padres, especialmente cuando se encuentran fuera de la casa. Esto lo hacen como necesidad, para estar seguros. Con el pasar del tiempo los niños crecen y se convierten en adolescentes.... aguas turbulentas...inestabilidad. Depende de todos los involucrados comprometerse – a veces hasta el punto de rendirse – y aceptar los cambios de las dinámicas de las relaciones padres/hijos que ocurren cuando los niños van convirtiéndose en adolescentes.

Amistad (Personal): Conoces a alguien en un evento social. Conversando, te das cuenta que tienen mucho en común, los mismos gustos e intereses. A partir de esta interacción buscas una amistad que sea saludable, alentadora y que sea enriquecedora para todas las partes.

Compañerismo (Profesional): Buscas un nuevo puesto. Un día, después de meses de buscar, te encuentras con un puesto en una de las páginas de empleo. Pareciera que el puesto lo hubieran escrito basándose específicamente en tu currículum. Aplicas al puesto en línea. Al siguiente día, recibes un correo en el que te solicitan una entrevista por teléfono. La entrevista telefónica sale muy bien, así que te invitan a una entrevista en persona. Todas las habilidades y requisitos descritos en la oferta de empleo concuerdan con tu experiencia. Es como si hubiera sido escrito directamente de tu currículum.

Pareja (Romance): Las parejas nacen a veces de una amistad, se prestan atención el uno al otro y se enfocan en satisfacer sus necesidades mutuas. Todo se siente simplemente tan bien en esta nueva relación sentimental.

Todas estas son interacciones positivas. Pero, ¿y si tu situación no resulta de esa manera? La persona que conociste en el evento publica comentarios negativos sobre "las personas del evento" en las redes sociales. Esa oferta de trabajo perfecta a la que le siguieron exitosas entrevistas, resulta que solo contenía el 10% de la descripción del trabajo. Una de las partes de la relación sentimental se empieza a enfocar en algo o alguien más.

¿Qué fue lo que cambió? ¿Por qué no pudo la relación quedarse como estaba.....en dónde estaba (en el puerto), segura, estable? Mientras más te alejas del puerto, cambia más (lo que ves) la vista. Puede que no logres ver lo que está por delante, pero lidiando con las pequeñas situaciones en el camino podemos mitigar el daño en caso de un accidente: una balsa salvavidas en caso de que el barco se arruine o destruya; un paracaídas en el caso que necesites saltar; o algún tipo de protección para la cabeza-

Un barco siempre se encuentra seguro

estando en un puerto, pero no fue
construido para eso.
~ Albert Einstein

El hecho es que... puede que te sientas impotente respecto a como resultó tu situación. Sin embargo, sí puedes decidir lo que suceda después. No tenías ningún control sobre estos eventos porque involucraban las variantes de la mente, las intenciones y actos de otros. Sin embargo, si tienes el control total sobre tu respuesta o comportamiento—control total.

Esta es una de las muchas pruebas que tendrás que atravesar a lo largo de la vida. Lo que siga, será un momento determinante en tu vida. Debes de estar presente en el momento y ser intencional sobre tus decisiones. ¿Dejarás que esa amistad fallida dicte tus futuras amistades? ¿Dejarás de buscar un trabajo porque no era tan perfecto como parecía? ¿Dejarás que ese hombre o que esa mujer te robe el derecho de ser feliz con una pareja por su incapacidad de mantener la confianza, el aprecio y el respeto?

Estas son limitaciones. No permitas que las limitaciones, ya sea auto impuestas o otorgadas por otras personas, te retengan de experimentar el éxito, la felicidad y la paz que quieres. Tu pasado no determina tu futuro y es posible triunfar en algo en lo que anteriormente habías fallado. El fracaso no es el final del camino – sucede justo antes de que alcances el siguiente nivel.

Mientras tanto, considera que podría ayudarte a seguir adelante de manera exitosa. Hazte a ti mismo algunas preguntas importantes:

¿Me siento realizado como individuo?

¿Me amo?

¿Tengo un compromiso con mi felicidad/paz?

¿Tengo el corazón puesto en las necesidades de otros?

¿Es mi comunicación abierta, honesta y clara?

¿Soy amigable?

¿Soy paciente?

¿Se lo que significa ser leal?

Responder sí a estas preguntas te ayudará a crear relaciones saludables, ya sea si se trata de relaciones familiares, amistades, compañerismos o parejas.

PERLAS...

1. ¿Cuáles son algunos de los comentarios hirientes que has oído de algunas personas?

Comentario	¿Cuál fue tu interpretación?

2. ¿Cuáles son algunos de los comentarios hirientes que le has dicho a alguien más?

Comentario	¿Cuál fue tu intención?

Cuando te sientas alterado escribir y analizar puede ser un ejercicio muy útil:

1. Escribe tus pensamientos de enojo por aproximadamente 5 minutos sin detenerte a evaluarlos o juzgarlos.

2. Al final del día, lee lo que escribiste y responde las siguientes preguntas:
   i. ¿Qué sentía en ese momento?
   ii. ¿Estaba sucediéndome algo más que haya podido hacerlo ver peor de lo que era?
   iii. ¿Cómo me siento al respecto ahora?
   iv. ¿Qué acciones que están bajo mi poder pueden disminuir la tensión de la situación?

Tú Vales El Riesgo

Los riesgos y las recompensas están presentes en todas las áreas de la vida. Vida familiar, trabajo o negocios, comunidad, e inclusive la iglesia. Una recompensa es una retribución o un regalo que uno recibe por algún servicio, esfuerzo o logro. Lo que esto quiere decir es que generalmente se debe realizar algo para recibir una recompensa. Las compañías le dan recompensas a sus empleados por lo años de labor. Es muy común que los organismos encargados del cumplimiento de la ley ofrezcan alguna recompensa por obtener información que ayude a resolver un caso. Un individuo puede ofrecer una recompensa a aquél que lo ayude a localizar a una mascota perdida.

Las recompensas se dan a cambio por algo que tiene valor. Es muy fácil ver el valor de las cosas tangibles como casas, joyas y carros. ¿Pero cómo le damos valor a algo que no podemos ver o tocar? Primero, identifica aquellas cosas que son valiosas e intangibles: confianza en uno mismo, autocontrol, compasión y empatía, nombrando solo algunas. Todas estas son valiosas e intangibles. Lo que las hace valiosas es que a pesar de que no puedes tocarlas, puedes sentirlas...y también puedes sentir la ausencia de cada una de ellas.

Estas ideas intangibles no puedes marcarlas en un calendario, o tacharlas de una lista. No hay ninguna tabla de punteo con la que puedas calificarlas o un juez que las posicione en algún puesto. Sin embargo, sí es posible establecer una meta para incorporar estas cualidades en tu vida. Todas las decisiones que tomes – o que no hayas podido tomar – te guiaran más cerca de tu meta. El cambio requiere de tiempo.

El recorrido hacia la seguridad en ti mismo, el autocontrol, la compasión y la empatía requiere que tomes un vistazo al lugar en el que te encuentras, te mentalices correctamente y te comprometas.

¿Hay algo que te gustaría cambiar de tu vida? ¿Hay alguna área específica en la que te gustaría ver una transformación? ¿Te gustaría ver un pequeño cambio en ti mismo que pueda provocar una gran diferencia en ti y en aquellos que te rodean? Si tu respuesta es "SÍ" a alguna de estas preguntas, por favor continua leyendo.

La decisión de cambiar o transformarte te corresponde solamente a ti. Puedes poner tu dedo en el calendario y escoger cualquier día que quieras para comenzar un cambio en tu comportamiento que genere un gran impacto en tu vida. Puedes abrir un libro y expandir tus conocimientos sobre cualquier tema que elijas. Puedes iniciar una nueva actividad en cualquier momento que quieras. Puedes empezar el proceso de cambio o transformación absolutamente en cualquier momento. Depende de ti.

La idea del cambio puede ser incómoda. El malestar puede causar que decidas no hacer nada. Puedes decidir no escoger algún día. Puedes decidir no abrir un libro. Puedes decidir no hacer nada. Si decides avanzar hacia delante en este cambio o transformación, ¿qué es lo peor que puede pasar? Cualquier paso que des hacia el cambio o la transformación, te llevará un paso más cerca. Lo peor que puede pasar es que te acerques más a tu meta. ¿Es eso tan malo? No lo creo. De hecho lo peor que puede pasar es que te acerques tanto a la victoria que la mires, pero decidas no continuar hacia ella. Tienes la capacidad de tomar decisiones para ti que te guíen hacia el cambio positivo y deseado. Tienes la capacidad de cambiar sutil o radicalmente la transformación de cualquier área y todo comienza con una decisión.

¿Te ha dicho alguien que no puedes hacerlo?

Cuándo las demás personas te pongan limitaciones, ya sea de manera intencional o no, proponte rechazar esas limitaciones. Pon una gran marca de "Inválido" a esas limitaciones y ten cuidado de no ponerle a otras personas.

Cuando mi hija tenía 5 años asistió a un campamento de verano en el YMCA. Parte de la experiencia del campamento era un período diario en el área de las piscinas. Ella siempre había disfrutado jugar en el agua así que se encontraba muy cómoda.

Un día que fui a recogerla, todavía se encontraba en el área de las piscinas así que me dirigí hacia allá para verla en acción. Estaba jugando a la pelota en la parte alta de la piscina, donde se supone que deberían de estar los niños de 5 años. Cuándo me vio, supo que era momento de irse, así que, como cualquier niño, ella quería sumergirse una vez más.

Me gritó, "¡Mami, mira!". Seguido de esto corrió a lo largo de la piscina, hasta que llego al área más profunda – casi 4 metros – y saltó dentro del agua. Mi corazón se detuvo, mi boca se abrió y mis piernas se paralizaron. El guía vio mi expresión y me dijo con mucha calma, "Se encuentra bien, ella puede nadar". Asia se elevó a la superficie con una gran sonrisa en su rostro.

Si hubieran solicitado mi permiso, ella nunca hubiera aprendido a nadar en la parte honda de la piscina. Nunca hubiera dado el permiso de que alguien tomara mi bebé hasta el fondo de la piscina y que la hubieran soltado allí. Yo inconscientemente le puse limitaciones a mi hija. Asia nunca se limito a sí misma dentro o fuera del agua. A ella siempre se la ha dicho que ella "puede" y siempre lo ha creído.

¿Estando en esta etapa del recorrido, cómo podemos regresar a la época en la que no teníamos ninguna idea autolimitante?

¿Cómo regresamos a la época en la que podíamos hacer cualquier cosa en la que empeñáramos nuestro corazón y mente sin el miedo al fracaso o el ridículo? Esto podría representar un reto. Tu mente (y algunas personas), sin duda alguna, empezarán a recordarte de tus fracasos. Empiezas a pensar *"¿Y si tengo una razón válida para creer que no puedo lograrlo? "¿Qué tal si ya lo intenté en el pasado y fallé"? "¿Y si lo único que jamás me han dicho es "NO PUEDES, NO PODRÁS...NUNCA LO LOGRARÁS"?"*

¿Qué haces cuando tu enemigo está en tu propia mente? Justo cuando decidiste tomar el primer paso, la conversación en tu cabeza te empieza a decir:

"¡Si pruebas eso fracasarás"

"¡Si haces eso te ira peor!"

"¡Esto no funcionará y te decepcionarás. Recuerda lo doloroso que fue la última vez!"

"¿Quién te crees que eres?"

"¡No mereces ser feliz!"

Esta habladuría en tu cabeza solo crea distracciones. En vez de permitir que estos pensamientos dicten tu siguiente movimiento, eleva tu manera de pensar. Recuérdate a ti mismo de usar palabras que sean positivas y efectivas. Deja al descubierto la negatividad en la conversación, y reemplázala con positivismo. T.E.M.O.R.

Intenta esto por el siguiente par de días: Escucha las palabras que utilizas; examínalas cuidadosamente; escribe las frases que utilizas frecuentemente. Sepáralas en categorías (positivo y negativo). Pregúntate a ti mismo, *"¿Por qué escogí estas palabras?" "¿Qué tono emocional tienen?* Reemplaza las frases negativas por positivas y verás como tu realidad comienza a cambiar.

La negatividad se puede interponer en el camino hacia el éxito. Todos queremos triunfar. El deseo de alcanzar el éxito puede ayudarnos a enfocarnos en nuestro miedo al fracaso, sin darnos cuenta que nuestro punto de enfoque se convierte en nuestra fijación. A pesar de que se encuentra en algún lugar oculto de nuestra mente, nos asecha. No dejes que el miedo al fracaso se mantenga oculto como algo que está esperando en la oscuridad para saltar y asustarte.

El temor al fracaso es normal; pero no debe de consumirte. Traigámoslo al primer plano – ahora mismo – juntos. El fracaso es una decepción, un mal funcionamiento, una ruptura. Por cada una de estas "pausas" hay una posibilidad opuesta. Mientras tengas una posibilidad, esto no ha acabado. Yo les llamo "pausas por que son temporales... al menos que te rindas estando en la pausa. Pensar de esta manera sobre el fracaso elimina el elemento del temor. Ten en cuenta que el fracaso es una posibilidad, pero el éxito también.

Cuándo te enfrentes al fracaso, acéptalo como una oportunidad de alcanzar un éxito aún más grande. Ya eliminaste una manera de perseguir el éxito; pero no has eliminado el éxito como tal. Identifica cualquier idea falsa y limitante que vayan surgiendo en tu cabeza y confróntalos con lo que crees que en realidad es la verdad- estás un paso más cerca de triunfar.

Se racional y busca recuperarte ante un fracaso. El miedo al fracaso es como un intimidador (son solo palabras – en tu cabeza). Cuando tu te quedas parado en vez de huir, el intimidador pierde su poder. Al igual que en la ley de la conservación de la energía, el poder (como la energía) nunca se pierde..."solo se transfiere de uno a otro". ¡Tú tienes el poder!

PERLAS...

1. ¿Pones limitaciones artificiales sobre tu potencial?

2. ¿Hay alguien más que pone limitaciones artificiales sobre tu potencial?

3. ¿Hay alguien que utilice su "preocupación" por ti para decirte que no eres lo suficientemente bueno?

4. ¿Has empezado a creer las críticas que has oído sobre tus capacidades- o la falta de ellas?

Estas son ideas limitantes. No tienes que aceptarlas.

- Ten cuidado con las ideas limitantes

- Confronta las ideas limitantes

- Ataca las ideas limitantes

- Desenmascara las ideas limitantes

Tus únicas verdaderas limitaciones son las que te impones tú mismo.

Examina las palabras y frases que utilizas frecuentemente y cambia las negativas por positivas:

Palabras/Frases	Positivo o Negativo	Reemplazo Palabras/Frases

Los Momentos

¿Alguna ves has llegado al trabajo sin recordarte de haber manejado hasta allá? He oído a algunas personas decir que llevan tanto tiempo manejando a ese mismo lugar, que el carro ya se sabe el camino. Manejar al trabajo es una de las cosas que hacemos en piloto automático.

El sitio en inglés Thefreedictionary.com, define al *piloto automático* como un estado de mente en el que la persona actúa sin esfuerzo o conciencia deliberada.

Como muchos de nosotros funcionamos en piloto automático a lo largo de las partes comunes y ordinarias de nuestro día. Esto nos permite realizar actividades frecuentes sin la necesidad de retar a nuestra mente. Después de todo, ¿qué tanto pensamiento deliberado requiere lavar nuestros dientes, tomar una ducha y vestirse? La mayoría de nosotros puede realizar estas actividades sin tener que pensar cada paso.

Miremos los pasos que se necesitan para lavar nuestros dientes:

1. Toma el cepillo del gabinete
2. Toma la pasta dental del gabinete
3. Remueve la tapa de la pasta dental
4. Apunta la parte abierta de la pasta dental hacia las cerdas del cepillo
5. Aprieta la pasta dental hasta que la cantidad deseada se encuentre en el cepillo
6. Colócale de nuevo la tapa a la pasta dental
7. Cepilla tus dientes
8. Enjuaga

Estar en piloto automático a lo largo de actividades frecuentes, normales o diarias nos permite tener nuestra mente libre para otros asuntos más desafiantes. Esta es la mayor ventaja del piloto automático.

Sin embargo, trabajar en piloto automático si tiene sus desventajas. Una de las desventajas más desafortunadas son los momentos que perdemos, y por lo tanto, no le damos la debida importancia o consideración.

> *Hace unos años tuve un accidente de carro que me provocó una lesión cerebral traumática. Durante el año después del accidente, experimenté migrañas, trastornos del habla y pequeñas convulsiones. Las migrañas me hicieron aterrizar en la sala de emergencias con un terapia intravenosa hasta que las lográbamos controlar. Yo no estaba consciente de mi trastorno del habla hasta que empecé a notar que yo decía cosas que tenían total sentido para mí, pero la persona con la que hablaba me miraba con un expresión de confusión y respondía... "¿¡Qué!?"*

> *Las pequeñas convulsiones se convirtieron eventualmente en grandes conclusiones, volviéndose otra vez en un viaje a la sala de emergencias. Durante todo esto yo estuve en piloto automático- simplemente pasando los días. Estaba perdiendo o ignorando las señales. En los años que siguieron, en algún momento las migrañas se volvieron más escasas y más distanciadas, el trastorno del habla desapareció y las convulsiones cesaron completamente.*

Cuando finalmente noté estas transformaciones, tenía una gran sensación de alegría, y eso era poco decir. Al haber estado en piloto automático, me lo perdí – esos preciados, e invaluables momentos. Quiero estar presente en esos momentos de victoria, momentos de triunfo y momentos de alivio.

¿Cuántos momentos te has perdido por estar en piloto automático – momentos en la vida de tus hijos, tu cónyuge, miembros de tu familia; momentos en tu carrera; momentos en el servicio a otros? Todo lo que haces es importante para alguien, beneficia a alguien, es apreciado por alguien...excepto cuando no es así.

Hay momentos en los que estando en piloto automático es la única manera de llevar a cabo las cosas. Hace algunos años, la compañía en la que yo trabajaba se trasladó a otro estado. Como no tenía la intención de trasladarme junto con la compañía, me tuve que enfrentar a la búsqueda de un nuevo empleo. Por suerte, debido al paquete que otorgaba la empresa, no tenía que apresurarme a encontrar un trabajo nuevo de inmediato. Sin embargo, como una persona y padre responsable, comencé a buscar un trabajo después de un par de meses de pasar mucho tiempo disfrutando del descanso y de realizar trabajos temporales. Respondí a un anuncio de contratación de empleados de una compañía grande en Connecticut. Desde la primera entrevista hasta el momento en el que fui contratada – tres entrevistas después – ya habían transcurrido cuatro meses. Cuando finalmente me ofrecieron el puesto, estuve entusiasmada de aceptarlo. Era mejor que nada. Con toda honestidad, la paga era justa y las expectativas eran realizables. Pero lo que sucedió después fueron los peores cinco años de mi vida. Nunca había tenido un trabajo que no amara... hasta ahora. Este trabajo era literalmente solo mejor que nada.

Aprendí rapiditamente que cuando la presencia de algo surge después de la carencia de eso mismo, está en la naturaleza del ser humano sentirse agradecido. Hay una sensación de alegría e ilusión por la novedad de la experiencia. Como mi mente se encontraba en un estado feliz, yo cuestionaba mi propia percepción cuando oía comentarios despectivos. Me preguntaba a mí misma *"¿En realidad acaba de decir eso?"* Empezaba a dudar si mis habilidades concordaban con lo que el trabajo requería, cuando algunos insultos eran lanzados al aire sin ningún blanco aparente. Me preguntaba que era lo que no estaba haciendo bien cuando se lanzaban al aire amenazas solapadas hacia ningún individuo en particular, seguidas de un total silencio en el que pudieras haber oído la caída de un aguja. Este era un nivel de grosería y hostilidad que yo no sabía que existía. La preocupación de mis compañeros de trabajo era obvia. Esperaban con ansias tener un momento conmigo en privado para decirme que yo era el nuevo blanco y que este predador hostil y grosero finalmente los dejaría a ellos en paz para concentrarse en mí. Después de un par de años de cometer tonterías, decidí que ese trabajo no era mejor que nada – Preferiría tener nada a tener esto.

Nunca les des a nadie una razón para creer que no hay más alternativas que ellos. Pueden parecer amables y resplandecientes en el exterior... pero si crees que has experimentado abuso verbal... lo has experimentado. Confía en ti- - deja de disuadirte de lo que es real. Reconoce la manipulación cuando te suceda. Si sientes que te están manipulando... probablemente sea cierto. Si sientes que te están faltando el respeto... probablemente sea cierto. ¿Quién mejor para darte cuenta de esto que tú mismo? Puede que pienses, *"Bueno. Es mejor que nada".* Tal vez sí, tal vez no – eso lo decides tú. Pero ármate con los hechos de tu situación y asegúrate que sea **tu** decisión.

PERLAS...

1. Haz una lista de tus 5 principales logros.

    i.

    ii.

    iii.

    iv.

    v.

2. Tómate unos cuantos minutos cada día para disfrutar los triunfos que haz alcanzado.

3. ¿Cuáles consideran las otras personas que son tus fortalezas y debilidades y que oportunidades y amenazas puede traer esto?

	Fortalezas	Oportunidades
i.		
ii.		
iii.		
iv.		
v.		

Debilidades	Amenazas
i.	
ii.	
iii.	
iv.	
v.	

Todo lo que necesitas para ser esa increíble versión de ti mismo, ya está dentro de ti. Nadie más puede hacer lo que viniste a hacer. Si abandonas o rechazas tu propósito, le niegas al universo eso que solo tu puedes dar.

VIDA, LEGADO Y PERDIDA

Dentro de las más grandes estafas, sabemos que la vida es corta. Lo has oído y probablemente tú también lo has dicho. ¿Pero alguna vez te has tomado el tiempo de pensar al respecto? ¿Cuál será tu legado?

Cuando llegamos a la calle, habían carros en cada espacio – encontrar un aparcamiento parecía imposible. Manejamos de arriba para abajo en las calles paralelas, hasta que finalmente encontramos un lugar a un par de cuadras de distancia. Mientras nos alejábamos del carro, notamos placas de otros estados: Nueva York, Maryland, Virginia, Carolina del Sur, Carolina del Norte, y la lista continúa. ¡Wow! Era impresionante ver eso.

*Mientras nos acercábamos al edificio, era tanta la gente, que habían algunos que todavía estaban esperando para poder entrar. El grupo de personas era muy grande y todos estaban reunidos muy cercanamente. Debido a la falta de espacio personal, había un sentimiento de paciencia y comprensión en la atmósfera. Todos se saludaban con sonrisas y abrazos. Oíamos a personas presentarse a si mismas e indicaban como conocían a la persona con la que hablaban. Otros trataban de **hacer** recordar a la gente de quienes eran.*

Finalmente logramos entrar en el interior del edificio, firmamos nuestros nombres, y volvimos a esperar antes de proceder. El grupo de personas prosiguió, subiendo un pequeño conjunto de 5 gradas hacia una entrada. Cuando finalmente alcanzamos la entrada, pareció que el salón se abriera. Había música sonando suavemente y muchas conversaciones susurradas. No había ningún asiento disponible en el lugar, - ni en el área principal ni en el balcón. Habían personas alineadas a lo largo de la pared e inclusive en las gradas del balcón.

Nos movimos a un ritmo glacial, al igual que el resto del grupo. Mientras nos movíamos hacia delante, algunos elementos se empezaron a volver visibles. En el centro, a la izquierda, se encontraba un hombre de frente al público. Tenía puesto lo que parecía ser una vestimenta de soldado que consistía en un sombrero (parecido), un delantal (sobre su traje), y una espada muy larga. Este era un guardia armado. Personalmente, nunca habíamos presenciado nada de este nivel.

La multitud siguió moviéndose lentamente hacia adelante– cada persona tomaba un pausa en el frente, luego continuaban hacia su derecha para saludar a aquellos que ya estaban sentados, y luego buscaban un lugar en donde pudieran para sentarse o pararse.

Mientras se iba disminuyendo la multitud frente a mí, aún más cosas se lograban vislumbrar. Finalmente, llegamos al frente. Allí estaba, mi abuelo – recostado. Había hecho su transición de la Tierra a la Gloria y esta era su celebración de despedida.

Que vida, que legado, que pérdida.

En los días previos a su transición, mi abuelo estuvo rodeado de sus familiares. En la noche antes de su fallecimiento una serie de eventos desafortunados – de los cuáles me sentí después muy agradecida -crearon un espacio en mi tiempo que me permitió visitarlo. Me senté a su lado. La tía Sandy se sentó del otro. Cuando la tía Sandy terminó de leerle, comenzamos a hablar. Le conté a ella sobre mis recuerdos de infancia, cuando pasaba mis fines de semana en la casa del abuelo y el hecho de que el siempre prepara comidas hechas en casa para nosotros... no comida rápida. Mientras conversábamos, mi abuelo empezó a sonreír. Oh, que paz.

El día de la despedida de mi abuelo, era evidente que el había dejado un legado. No solo sus hijos, nietos y bisnietos – todos aquellos que fueron lo suficientemente afortunados de conocerlo. – pero también sus hermanas y sus hijos, sus nietos y sus bisnietos; un gran número de amigos y miembros de las organizaciones en las que servía.

¿Cuál será tu legado? ¿Qué impacto tendrás en la vida de otros? ¿Cambiarás la conversación en tu mente si resulta siendo negativa y nada productiva? ¿Te harás las preguntas que te guían hacia una relación saludable? ¿Activarás y agitarás el poder el poder que se encuentra dentro de ti? ¿Tomarás decisiones que disminuyan cualquier amenaza hacia tu bienestar?

¿Cuál será tu legado? Un legado es una cantidad de dinero o una propiedad que se transfiere de un dueño a un receptor a través de un testamento o un fideicomiso; es un regalo. Un regalo puede ser un talento, una capacidad o una destreza. He oído decir que un regalo es un regalo únicamente si se entrega. ¿Cuál será tu legado?

Aún si se deja un gran legado, el sentimiento de pérdida sigue estando allí. Con la pérdida, es casi seguro que surjan dinámicas competitivas entre los familiares. Si alguna vez has experimentado una pérdida en tu familia, probablemente has sido testigo de las consecuencias que resultan de algo así.

Si las familias no son cuidadosas pueden destruirse por las situaciones que se dan después de un perdida significativa.

Acontecimientos Reales contados por Personas Anónimas:

"Cuando mi madre falleció hace varios años. Mi hermano se rehusó a asistir al funeral. Hoy en día el todavía guarda mucho enojo y resentimiento. En parte, creo que se debe a esa decisión que hizo años atrás. Se distanció de mis hermanos y de mi y casi nunca se comunica. No solo perdimos a nuestra madre, sino que también a un hermano"

"Cuando mi hermana falleció dejó a un hijo de un año. Tenía un testamento, pero mi familia y yo nos sorprendimos de lo que estaba escrito allí. Le dio la custodia de su hijo a mi hermana más pequeña. Considerábamos que la vida que ella llevaba no era la ideal para un niño. Mi familia y yo estábamos tan seguros que me iba a otorgar la custodia. Fue impactante. A pesar de que nos resultaba muy difícil aceptarlo, era el deseo de mi hermana. Eventualmente el impacto se fue y todos servimos de apoyo para mi pequeño sobrino. Todo resultó bien.

La palabra "pérdida" se usa más comúnmente para referirse a la pérdida de un ser querido que falleció. En realidad, una pérdida es una pérdida sin importar si surge de la muerte de un ser querido, una relación que terminó, un trabajo que se perdió, o una mascota que falleció (o que pusieron a dormir). La pérdida, en este contexto, puede ser explicado como una ausencia repentina y eterna de algo o de alguien.

Recuperarse de una pérdida requiere de la misma dedicación y compromiso que se requiere para recuperarse de la bebida, los cigarros o el alcoholismo. En algún momento del proceso de recuperación, se requiere del perdón. La valentía para perdonar puede resultar impensable. Perdonar toma mucho esfuerzo. Perdonar es uno de lo más grandes logros de la vida. Perdonarte a ti mismo o perdonar a alguien más puede representar un camino muy difícil pero es un destino muy gratificante.

Perdonar, al igual que una gota de agua, tiene implicaciones de gran alcance. El perdón se expande más allá de los límites que son visibles a los ojos, pero lo que *sí* se logra ver es el impacto que causa. La confusión y la destrucción que puede atormentar a una familia después de una pérdida puede ser minimizada, o inclusive mitigada, si el perpetrador decide perdonar en vez de tener la razón, perdonar en vez de sentirse lastimado, perdonar en vez de vengarse, perdonar en vez de cualquier ofensa que – cuándo es causada por eventos o individuos – sirven como un recordatorio constante y doloroso de la pérdida.

Lidiar y aprender a vivir con el dolor es una actividad individual y muy personal. Nadie puede dictar cuánto "te tardarás" en recupérate de un pérdida. No es raro que dos hermanos nacidos de los mimos padres y que fueron educados en la misma casa tengan diferentes reacciones ante una perdida. Ninguno de ellos está equivocado. La relación con la persona que ha partido puede parecer la misma, pero ninguna relación puede ser exactamente igual.

Puedes sentir enojo. Puedes tener ataques de llanto. Puede ser que simplemente te den ganas de gritar. Algunas veces puedes inclusive dejar de sentir algo en absoluto. Todas estas reacciones son comunes. Está bien, tú estás bien. Permítete a ti mismo tener el tiempo y el espacio para sentir lo que sientes sin juzgarte a ti mismo.

Es importante que te cuides: Escucha a tu cuerpo; Come algo; aún si es un poquito; Dúchate – eso te refrescará. Toma tus medicamentos usuales – te ayudará a evitar recaídas físicas. Maneja las situaciones de poco en poco. Habrá algunos asuntos que requieran atención inmediata y otros que podrán esperar. Haz lo que puedas cuando puedas. Encontrarás personas que estén en desacuerdo con la manera en la que manejas algunas circunstancias. Tómate un momento, si puedes, para escuchar y agradecer sus comentarios. Hazles saber que aprecias sus consejos y haz lo que consideres que te conviene más.

Una colega, Claire Schwartz, escribió un libro muy revelador llamado *"Extinguiendo el Fuego: Alimentando Mente, Cuerpo y Alma en la Primera Semana de la Pérdida"*[1] En su libro ella comparte su propia experiencia de pérdida al igual que la manera en la que ha aprendido a enfrentar los días que siguen inmediatamente después de la pérdida.

LO QUE ACURRE A LARGO PLAZO

Vivir el duelo de la muerte de un ser querido es muy doloroso y en algunos momentos puede ser abrumador. Algunas personas a veces se preocupan de no estar sobrepasando el duelo "de la manera correcta" y se cuestionan si lo están haciendo la manera "normal". El duelo no solo se traduce en tristeza o depresión; son muchos sentimientos y emociones. Además de tener un efecto sobre tus emociones; el duelo afecta cada una de las partes de tu vida: tu trabajo, tus relaciones con los demás y la imagen que tienes de ti mismo.

Todos atraviesan el duelo de distintas forrmsa. No hay una manera correcta de expresar el dolor, la tristeza, el anhelo y otros aspectos de la transición de ajustarse a la muerte de un ser querido. No permitas que nadie te haga sentir que "estás perdiendo el control", cuando de hecho simplemente esa es la manera en la que activamente (y productivamente) procesas la perdida.

Algunas personas nunca lloran. Las lágrimas o algunas expresiones de angustia exteriorizadas no son el estilo en el que todas las personas sobrepasan el duelo. Esto significa que estén atravesando el duelo de una manera menos intensa que una persona que está visiblemente agitado, o que amen menos a ese ser querido que perdieron. Tampoco significa que la

---

[1] *"Putting Out the Fire: Nurturing Mind, Body & Spirit in the First Week of Loss* ", por su nombre en inglés.

ausencia de emociones obvias signifique que el que sufre tenga un bloqueo o problema emocional, o que se ajustará a la pérdida de un modo más largo y más difícil.

Para algunas personas, el duelo nunca termina; aprenden a vivir con él. El duelo es una respuesta, no una línea recta con un punto final. Aceptar que la muerte es real (y que no es por culpa tuya) no es lo mismo a sentirse conforme al respecto. Simplemente significa que estás absorbiendo la verdad de lo que ha sucedido.

PERLAS...

El duelo es una respuesta natural hacia la perdida y puede desencadenarse de muchas maneras. No hay una manera "correcta" o "incorrecta" de enfrentar el duelo.

Trata de no caer en los siguientes mitos:

> Mito #1: Hay un punto en el que seguir llorando se vuelve demasiado.
>
> Mito #2: Si no lloras, será peor después.
>
> Mito#3: El duelo es algo que "se supera".
>
> Mito#4: El tiempo cura lento pero continuamente.
>
> Mito#5: El duelo debe de terminar después de un período específico.

Los mitos son cuentos de hadas- no son reales. Permítete darte el tiempo y el espacio para vivir el duelo sin juicios. Se considerado contigo mismo aunque otros no lo entiendan.

El Cómo

La esperanza – tu esperanza es tu talento y potencial. Pasión – tu pasión es lo que te estimula, eso que tanto deseas. Posibilidades – tus posibilidades son opciones y oportunidades. Tu esperanza te llevará a tu pasión y tu pasión de guiará hacia tus posibilidades. Estos son los rasgos y características que pueden ayudarte a definir la persona que eres.

¿Cómo llegas de la esperanza hacia las posibilidades? ¿Cómo te manejas los desvíos? ¿Cómo te enfrentas a las dudas – las tuyas y la de los otros? ¿Qué haces cuando parece imposible?

> *No hay por que ponerle una capa dulce las cosas,*
> *el azúcar desvanece en las tormentas.*
> *~ Starr Merritt*

La Tormenta...

En un barrio de viviendas subsidiadas – uno de los lugares más alegres y seguros para crecer durante los setentas – los niños jugaban afuera, en una época en la que un niño realmente jugaba afuera. Una de las pequeñas niñas, de 5 años de edad, fue atropellada por un carro. El sonido de los niños jugando fue remplazado por los gritos y suspiros que venían de todas direcciones. El carro que le pegó a la niña venía a toda velocidad, lanzándola a 3 metros sobre el aire. La niña calló sobre su frente. Cuándo la policía llegó al lugar y vieron a la niña, cancelaron la ambulancia. Esta pequeña niña estaba tirada en la calle y ya no quedaba rastro alguno de piel en su frente. Simplemente permanecía allí en el piso mientras que los gritos se convertían en aullidos. Como parte del protocolo, la policía tomo una sábana y la pusieron sobre la niña, cubriéndola de pies a cabeza. La policía la declaró muerta.

Mientras todas las personas permanecían paradas observando, la policía esperaba la llegada del oficial encargado de verificar la muerte. Los niños del barrio (y los padres que para ese momento ya habían llegado) estaban allí parados... anonadados. Esta pequeña niña a la que conocían y con la que jugaban estaba muerta, se había ido – justo frente a sus ojos... la ruptura.

Pero, un momento...la sábana se movió. La pequeña niña que habían declarado muerta (la ruptura) había movido su mano. Por supuesto, el pavor se desencadenó. La policía, que había perdido todo ese tiempo, llamó inmediatamente a una ambulancia. Ese día el pavor se tornó en esperanza (la transformación) .

Esa pequeña niña que se encontraba tirada en el piso cubierta con una manta es ahora un adulto. Esa pequeña niña del barrio es ahora una autora que ha sido publicada. Esa pequeña niña ha orientado y aconsejado de manera exitosa a adolescentes que han estado de cara con la muerte. Esa pequeña niña está comprometida a ayudar a todo tipo de personas a Transformarse*...* MÁS ALLÁ DE LA RUPTURA. *Esa pequeña niña soy yo.*

¿Ha entrado el pavor en tu vida? ¿Han declarado a tu pasión como muerta? ¿Ha cubierto alguien con una sábana alguna promesa que te hicieron? No te quedes allí acostando aceptándolo. ¡Mueve tus manos! ¡Has algo! ¡Mueve tus manos! La derrota necesita permiso. No la autorices.

Tú tienes el poder de alcanzar tu propio éxito. La manera en la que te prepares determinará tu efectividad. Los contratiempos y los obstáculos son parte del recorrido. La manera en la que elijas manejarlos determinará tu resultado. Si en algún momento no te gusta como están sucediendo las cosas, puedes cambiarlas.

¿Qué oportunidades estás considerando? ¿Qué se interpone en tu camino? ¿Qué vas a hacer al respecto? ¿Cómo te ubicarás de tal manera que aprovecharás al máximo esa oportunidad?

Haz la prueba, e imagina a un grupo de personas que se encuentran reunidas en un sitio público por una causa en común. El líder del movimiento tiene un megáfono con el que grita, *"¿Qué queremos?* y la multitud responde, *"¡La victoria!"* o lo que sea por lo que luchan. Luego el líder dice, *"¿Cuándo la queremos?* y la multitud responde *"¡Ahora!"* Eso continúa – una y otra vez – por un buen rato.

Líder: ¿Qué queremos?

Multitud: ¡La victoria!

Líder: ¿Cuándo la queremos?

Multitud: ¡Ahora!

Lo único que se nos olvida tomar en consideración es *"¿CÓMO lo queremos?"* ¿Cómo deseas alcanzar tu victoria? ¿Cómo será tu compromiso con esta victoria? ¿Cuándo tomarás el primer paso en tu camino hacia la vitoria? Depende de ti.

Identificar tu victoria - saber lo que quieres- es el primer paso hacia la victoria. Esto permitirá que tu mente te ayude a triunfar. Cuando tu mente y tu meta estén sincronizadas, estarás listo para tomar pasos deliberados hacia tu meta. Si tienes una meta, pero no una dirección, no lograrás hacer un progreso. No vivas tu vida como si tus metas fueran cuestión de suerte; si quieres algo, haz algo.

Pon atención a tu progreso, celebra las victorias que encuentres en el camino – pequeñas y grandes – y aprende de tus errores. El fracaso no es el final; es solo una desviación –

una oportunidad de corregir tu curso – otro paso hacia tu victoria, pero solo sucederá si sigues moviéndote hacia delante.

Cuando te encuentras con la necesidad de corregir tu curso, tienes que estar dispuesto a cambiar de mentalidad respecto al curso original. Si no está saliendo como planeaste, haz algo diferente. Tu voluntad de querer hacer algo diferente te ayudará a superar obstáculos imprevistos. Enfócate en la excelencia y no dejes que tu enfoque cambie sin importar en que momento del camino te encuentres. La excelencia no es lo mismo que la perfección; la excelencia es hacer lo que haces y hacerlo de mejor manera mientras vas progresando.

La única manera de saber que te estás moviendo hacia adelante es estando consciente de tu cada paso que das a lo largo del camino. ¿Cómo será el compromiso que tendrás hacia tu victoria? ¿Cuándo tomarás el primer paso en el recorrido hacia la victoria? Depende de ti.

PERLAS...

Visualízate estando en tu meta.

En orden inverso, enumera los pasos que debes tomar para alcanzar esta meta:

1. El paso justo antes de alcanzar tu meta:
2. El paso justo antes del 1 anterior:
3. El paso justo antes del 2 anterior:
4. El paso justo antes del 3 anterior:
5. El paso justo antes del 4 anterior:

¿Quién puede ayudarte a alcanzar tu meta y como pueden hacerlo?

Persona	¿Cómo pueden ayudar?

¡Comienza ahora!

~ Solo el Inicio ~

Recuerda, lo único que no puedes cambiar es el pasado.

¿Una confianza rota, una promesa rota, una relación rota, un lazo roto, un hogar roto, un sueño roto, una alma rota, una fe rota, un corazón roto? Todos han experimentado algún tipo de ruptura y creo para ti es posible *Transfórmate*...MÁS ALLÁ DE LA RUPTURA.

La transformación involucra un cambio en tu manera de pensar, seguido de un cambio en tu manera de actuar. Comienza usando el T.E.M.O.R. Hazte a ti mismo las preguntas que te ayudan a formar relaciones saludables ya sea si son relaciones familiares, amistades, compañeros o parejas.

Comienza Hoy

- ◆ Experimenta una transformación desde el interior
- ◆ Destapa tu pasión, tu esperanza y tu propósito
- ◆ Conquista las ideas limitantes

www.transformbeyonndthebreak.com

Notas

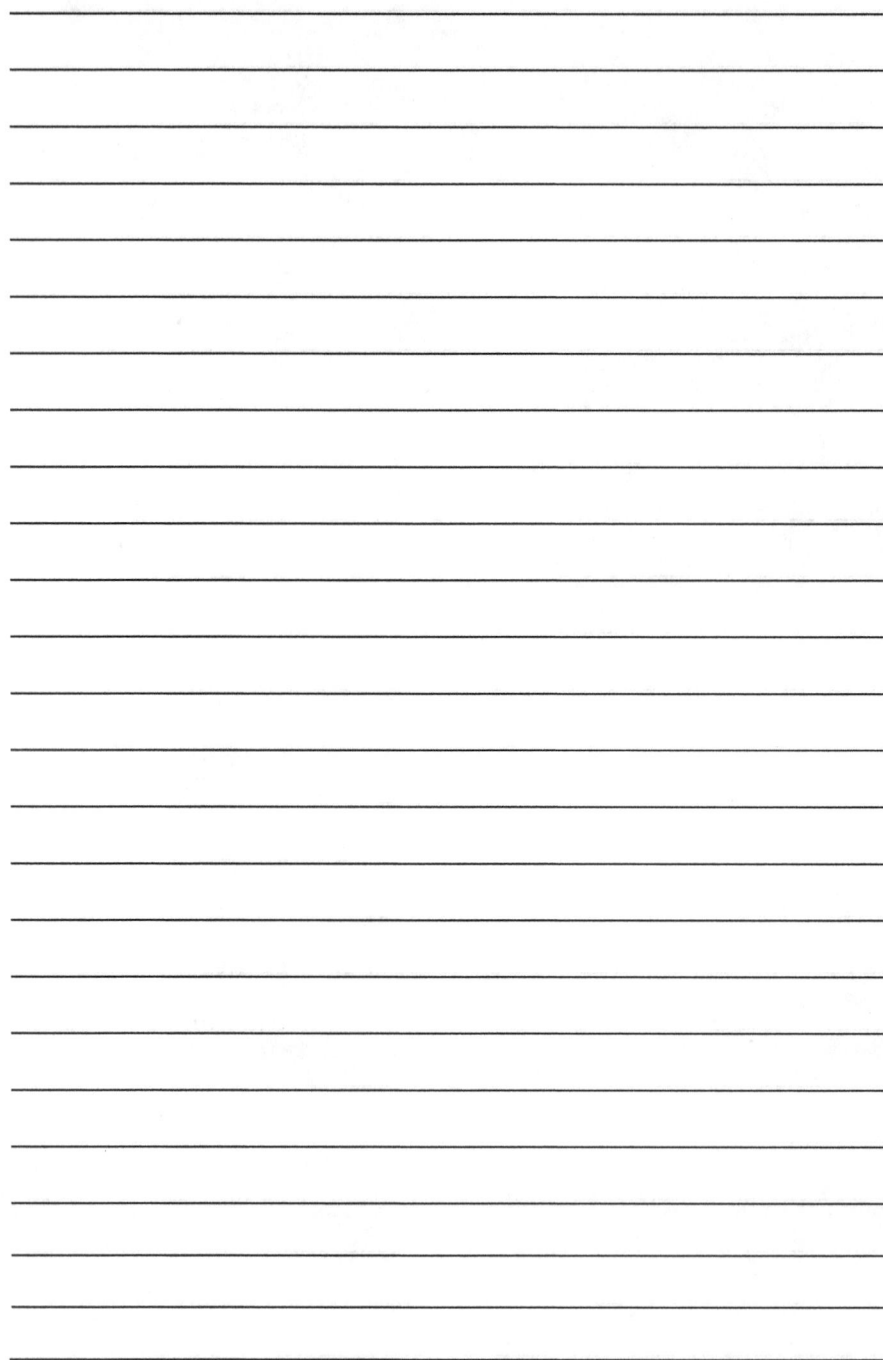

www.ingramcontent.com/pod-product-compliance
Lightning Source LLC
Chambersburg PA
CBHW060159070426
42447CB00033B/2231